ホームパーティーのための
テーブルコーディネートとマナー

丸山 洋子
YOKO MARUYAMA

はじめに

　この本を手にとって下さり、ありがとうございます。本を開いたと同時に、あなたはテーブルコーディネートへの世界に踏み入れたのではないでしょうか。それとも「ホームパーティーやテーブルコーディネートに興味はあるけど、セレブのためのもの」と思っていらっしゃるかも知れませんね。

　テーブルコーディネートは、欧米では母から子へと伝えられていくもので、決して特別な人のためのものではありません。日々食卓で会話を楽しみ、より美味しく感じながら過ごすための『食卓演出』です。器とフードをつなぎ、人とフードをつなぐ役割を担います。例え、お惣菜を購入してきたとしても、テーブルクロスを敷いてお料理を器に盛り付け、小さくてもお花を飾った食卓で頂くと、会話も弾み、より"美味しい"と感じるでしょう。普段のお食事でも、テーブルを整えることにより食の細かったお子様がよく食べるようになったという事例もあります。

　またお客様をお迎えした時に、テーブルコーディネートで「ようこそ」の気持ちを表現することで、お客様に期待感を高め、感動を与えられたら、おもてなしの50パーセントは成功しています。

　人が美味しいと感じる五感のうち視覚が87％という統計があり、第一印象でもある視覚に訴えることはとても重要です。

　テーブルコーディネートには高価な食器が必要なわけでは決してありません。たくさんのアイディアでおもてなしの気持ちを伝えることが、何より大切なのです。

　テーブルコーディネートを、あなたの生活の一部に取り入れてみませんか。
　ご家族のために、我が家へのお客様のために、そしてあなた自身のために。
　できることから少しずつでも続けていくことで、その先にはきっと大きな「気づき」「歓び」「幸せ」に包まれていくことでしょう。

はじめに ・・・・・・・・・・・・・・・・・・・・・・・・・・・・・・・・・・・・・・ 3

第1章　ホームパーティー

ホームパーティー ・・・・・・・・・・・・・・・・・・・・・・・・・・・・・ 10

- 幸せを呼ぶホームパーティー ・・・・・・・・・・・・・・・・・・・ 10
- ホームパーティーをもっと気軽に ・・・・・・・・・・・・・・・・ 10
- ホストもゲストもフラットなギャザリング ・・・・・・・・・ 11
- ホームパーティーの醍醐味 ・・・・・・・・・・・・・・・・・・・・・ 11
- ポットラックパーティーとは ・・・・・・・・・・・・・・・・・・・ 12

ホームパーティーのプランニング ・・・・・・・・・・・・・・・ 13

- ホームパーティーのポイント ・・・・・・・・・・・・・・・・・・・ 13
- 5W 2H ・・・・・・・・・・・・・・・・・・・・・・・・・・・・・・・・・・・ 14
- ホームパーティーの意義 ・・・・・・・・・・・・・・・・・・・・・・ 15

第2章　イメージ＆カラー

イメージの確立 ・・・・・・・・・・・・・・・・・・・・・・・・・・・・ 18

- 自分イメージを探す ・・・・・・・・・・・・・・・・・・・・・・・・・ 18
- カラー＆イメージ ・・・・・・・・・・・・・・・・・・・・・・・・・・・ 18
- 8分類・イメージスケール図 ・・・・・・・・・・・・・・・・・・・ 19
- イメージの素材感＆柄 ・・・・・・・・・・・・・・・・・・・・・・・ 20

第3章　洋食器

洋食器の基礎知識と揃え方 ・・・・・・・・・・・・・・・・・・・・ 24

- 洋食器・テーブルウェア ・・・・・・・・・・・・・・・・・・・・・・ 24
- テーブルウェアの基礎知識 ・・・・・・・・・・・・・・・・・・・・ 24

テーブルトップ・・・・・・・・・・・・・・・・・・・・・・・・・・・・・・・・25
　食器（china）・・・・・・・・・・・・・・・・・・・・・・・・・・・・・25
　グラス（glass）・・・・・・・・・・・・・・・・・・・・・・・・・・・28
　カトラリー（cutlery）・・・・・・・・・・・・・・・・・・・・・30
　リネン（linen）・・・・・・・・・・・・・・・・・・・・・・・・・・・32
　フィギュア（figure）・・・・・・・・・・・・・・・・・・・・・・36

第4章　テーブルコーディネート

テーブルコーディネートとは・・・・・・・・・・・・・・・・・38
テーブルセッティング・・・・・・・・・・・・・・・・・・・・・・・39
　テーブルコーディネートの基本セッティング手順・・・・・39
ディナーテーブル・・・・・・・・・・・・・・・・・・・・・・・・・・・42
　家庭でのフォーマルテーブルについて・・・・・・・・・・42
　ディナーテーブルの基本セッティング手順・・・・・・・・43
ブレックファースト・ブランチ・ランチテーブル・・・・・45
　ブレックファースト・ブランチ・ランチテーブルについて・・・45
　ブレックファーストの基本セッティング手順・・・・・・・47
ビュッフェテーブル・・・・・・・・・・・・・・・・・・・・・・・・・48
　ビュッフェパーティーについて・・・・・・・・・・・・・・・・48
　オンテーブルビュッフェ・・・・・・・・・・・・・・・・・・・・50
ティーテーブル・・・・・・・・・・・・・・・・・・・・・・・・・・・・・52
　ティーパーティーについて・・・・・・・・・・・・・・・・・・・52
　アフタヌーンティー・・・・・・・・・・・・・・・・・・・・・・・・53
　セッティングに必要なアイテム・・・・・・・・・・・・・・・56
　主なメニュー・・・・・・・・・・・・・・・・・・・・・・・・・・・・・56
　必要なティーセット・・・・・・・・・・・・・・・・・・・・・・・56

第5章 洋の記念日

洋の記念日 ･･････････････････････････ 60

- 誕生祝い（Baby Shower）･････････････････ 60
- 結婚祝い（Bridal Shower）･････････････････ 60
- 結婚記念日（Wedding Anniversary）･･････････ 61
- セント・バレンタイン・デー（St. Valentine's Day）･･ 61
- セント・パトリック・デー（St. Patrick's Day）････ 62
- 復活祭（Easter Sunday）････････････････････ 62
- 母の日（Mother's Day）････････････････････ 63
- 父の日（Father's Day）･････････････････････ 63
- ハロウィーン（Halloween）･････････････････ 64
- 感謝祭（Thanksgiving Day）･････････････････ 64
- クリスマス（Christmas）････････････････････ 65

第6章 マナー

招き招かれるホームパーティーマナー ････････ 68

- 招かれるマナー ････････････････････････ 68
- 手土産 ･････････････････････････････････ 68
- 挨拶の仕方 ････････････････････････････ 68
- 帰り際 ･････････････････････････････････ 69
- 招くマナー ････････････････････････････ 69

テーブルマナー 着席 ･････････････････････ 70

- テーブルマナーの心得 ･･････････････････ 70
- 椅子の出入り ･････････････････････････ 70
- ナプキンの扱い方 ･････････････････････ 71
- ナイフ、フォーク、スプーンの扱い方 ･････ 72
- サービスの受け方 ･････････････････････ 72
- グラスの持ち方 ･･･････････････････････ 72

- スープ ･････････････････････････････ 73
- パン ･･････････････････････････････ 74
- 魚料理 ････････････････････････････ 74
- 肉料理 ････････････････････････････ 74
- チーズ ････････････････････････････ 74
- デザート ･･････････････････････････ 75

家庭でのビュッフェのマナー ･････････ 76
- 5分遅れていく ････････････････････ 76
- 手土産 ････････････････････････････ 76
- ホスト側への気遣い ･･････････････ 76
- プレートとグラスの持ち方 ･･････････ 76
- 料理の取り方 ･･････････････････････ 77
- ティービュッフェの場合 ･･･････････ 77
- 立ち居振る舞い ････････････････････ 77
- お礼を忘れずに ････････････････････ 77
- 招き返す ･･････････････････････････ 77

ホテルやレストランでのビジネス・ビュッフェパーティー・マナー ･ 78
- ビュッフェパーティーの心得 ･････････ 78
- 招待を受けたら ････････････････････ 78
- 当日 ･･････････････････････････････ 79

ティーマナー ･････････････････････････ 80
- 紅茶をいただくときのマナー ･･･････ 80
- ティーフーズのいただき方 ･････････ 81
- 女主人としてのマナー ･････････････ 81

ナプキンたたみ ･････････････････････ 82

あとがき ･････････････････････････････ 86

第1章
ホームパーティー

ホームパーティー

幸せを呼ぶホームパーティー

「Joie de vivre（ジョワ・ド・ヴィーヴル）」。フランス語で「生きる歓び」「人生を楽しむ」という意味ですが、"人と出会い、語り合い、人生を分かち合うこと"と、フランス人の方から教えて頂きました。そして、「人を自宅に招いたり招かれたりすることは、人生の歓びのひとつである」とも話していました。欧米では、自宅に人を招くことで初めて本当の親愛関係が生まれると言われます。人が『幸せ』と感じるひとつに、心地よい雰囲気の中で人と人との繋がりにあります。「招かれたら招き返す」文化が定着している彼らの週末は日常的にホームパーティーを楽しみ、人生を謳歌しています。

ホームパーティーをもっと気軽に

日本ではまだ欧米並みとまではいきませんが、ホームパーティーの流れが来ていることを感じます。光文社の月刊誌「VERY」では、ママ友との距離を近づけるために"頑張らないホームパーティー"を「おうち外交」と名付けています。外交官が外国大使とのより良い関係を築く為に、自邸に招待してもてなす戦略と類似していることから、そのように名付けられたそうです。

子連れで外のレストランやカフェに行くよりも、「おうち外交」でママ友との距離をぐっと近づけるという目的で、ホームパーティーの重要性を指摘しています。ホームパーティーは数々の女性ファッション誌でも取り上げられるのが目立ってきました。サロネーゼの出現や自宅の整理整頓・お掃除の本や資格がぐんと増えたことも、影響しているでしょう。かつてクリスマスといえばホテルやおしゃれなレストランなど外で祝うスタイルが人気でしたが、今ではそういう風潮は薄れ、自宅で家族と祝うことが主流となってきているという背景もあるのでしょう。

ホストもゲストもフラットなギャザリング

「ギャザリング」という言葉が2013年あたりから日本に定着し始めました。2011年に創刊され世界的に流行しているアメリカのライフスタイルマガジン「KINFOLK」の影響と考えられます（日本語版は2013年創刊）。雑誌の中では「スモール ギャザリング」をテーマに、家族・親しい友人・隣人など気のおけない人たちとの、肩肘張らない気軽な集まりを多く特集しました。いわゆる「おもてなし＝ホームパーティー」のような"誰かが誰かをもてなす"のではなく、お料理をそれぞれが持ち寄ったり、あるいはデリバリーをオーダーして割り勘にし、みんなで準備をして、みんなで片付けるようなシェアして楽しむのがギャザリングです。

おもてなしやお料理に不安や抵抗がある方も、ポットラックパーティー（持ち寄りパーティー）でギャザリングすると、ぐっとハードルが下がり、気軽に自宅で集まることができるようになります。

ホームパーティーの醍醐味

自宅で集まるとリラックスして過ごすことができ、会話も弾みます。また、自宅というプライベートな部分を相手にオープンにすることはそれだけ心を開いたということになります。外で会うだけの関係よりも親近感が増し、より親しくなるのは当然です。

新しいお料理や、美味しいお茶の淹れ方を習ったら、それを披露したくなります。人に見られることによってインテリアやテーブルコーディネートに興味が深まります。自宅に人を招く事によって、自分自身の様々な感性が磨かれ、それを人と分かち合うことの出来るのが、ホームパーティーの醍醐味です。ホームパーティーは「より豊かな人生を手に入れるための宝物を手に入れた」と考えても、決して大げさではないと思います。

ポットラックパーティーとは

　ゲストが各自好きな料理や飲み物を持ち寄ります。持ち寄るものをホストがコントロールして、ホストの家に集まり、着席や立食スタイルで自由に料理等を分け合って楽しむ最もカジュアルなパーティースタイルです。

　どんなに人数が多くてもこなすことが可能で、様々な料理が楽しめ、ホスト側の負担も少ないことが最大の利点です。

利点
- 何より手軽にできる
- ホストの負担が少ない
- さまざまな料理が楽しめる
- レシピを交換できる

手順
- 目的を決める → テーマを決める → 分担を決める

ポトラック料理のポイント
- 冷めてもおいしい
- ホストの負担が少ない
- 見栄え(形が崩れない)
- 持ち運びやすい

ポトラックパーティーのホスト側のポイント
- 料理など持ち寄るものをコントロールする
- 参加人数を全ゲストに伝える
- ホストは温製料理を準備する
- 残った料理は均等に分けて持ち帰っていただく

ホームパーティーのプランニング

ホームパーティーのポイント

　自宅にゲストを招くことは、魅力的な人間になるための学習の場でもあります。生活芸術を楽しみ、あなた自身の世界を広げます。最初はポットラックなど気軽なパーティーから挑戦し、徐々におもてなしのパーティーへとチャレンジして行きましょう。最初は大変でも2回3回と重ねるうちに、コツがつかめ、スムーズに進めていくことができます。

　ここで大切な事は、ホステスとなる自分自身もゲストと一緒にパーティーを楽しみ、会話をコントロールしたり、盛り上げたりすることです。キッチンに立っていいのは「3分間×3回だけ」と言われ、ゲストとともにいることこそが重要です。そのためには、お料理の工夫が必要となります。

　お料理はできるだけ前日や当日開始前までに仕込みを済ませ、温め直すだけでサーブできるようなメニューがよいでしょう。また「無言の召使い」と呼ばれるワゴンやバトラートレイ、チェストなどをそばに置いて、お料理やお皿などを置く台として使用することで、キッチンに立つ時間を大いに削減できます。ぜひお試しください。

メニュー3コース例1：前菜　：グレープフルーツとエビ、ホタテのサラダ
　　　　　　　　　　　　　アスパラガスとサーモンのタルタル
　　　　　　　メイン　：キャベツと牛フィレ肉のポトフ風
　　　　　　　デザート：グレープフルーツのタルト（市販）
　　　　　　例2：前菜　：カプレーゼのピンチョス バルサミコ風味
　　　　　　　メイン　：ミートローフ サフラン風味の
　　　　　　　　　　　　焼きリゾット添え
　　　　　　　デザート：サツマイモのモンブラン

5W2H

　ホームパーティーをする時やテーブルをコーディネートする時、やるべき事はたくさんありますが、何から手をつけてよいか分からないという方も多いでしょう。

　ティーなのかディナーなのか。男女比やお子様も来られるかどうか。お誕生日パーティーなのか、クリスマスパーティーなのかなど、パーティーの趣旨によってメニューや選ぶ器も変わります。必要な事を整理するために、まずは"5W2H"を書き出してみましょう。

　Who（ゲスト）誰を招くのか
　What（テーマ）どのようなテーマ、テーマカラーで
　When（日時）何月何日、何時から
　Where（場所）どこで
　Why（目的）なぜパーティーをするのか
　How（スタイル）パーティーのスタイル（着席・立食など）
　How much（予算）どれだけの予算で

　テーマやテーマカラーを決めておくと、料理やテーブルウェアやお花などと連動させてトータルでコーディネートすることができます。事前に設定することでゲストも期待感が増し、よりパーティーを効果的に盛り上げられます。

　テーマ→お料理→テーブルコーディネート→BGMやテーブル以外の場所のお花などの装飾（玄関や洗面所など）と順を決めておくとよいでしょう。

ホームパーティーの意義

　「気軽にホームパーティーを」と勧められても躊躇する人も少なくないと思います。核家族化が大きな要因でしょうが、それ以外にも「家が狭いから」「部屋を片付けるのが大変だから」「子供の勉強の邪魔になるから」「準備が大変だから」など様々な理由があるでしょう。

　パリのアパルトメントの平均居住面積は60㎡前後という統計があります。今の日本の一般的住宅よりも狭い住空間ですが、パリジャンは頻繁にパーティーを開いています。パリジャンたちのホームパーティーは確かに狭いですが、インテリアは素敵です。「狭さ」がお客様を迎え入れられない理由にはならないのではないでしょうか。

　他人を自宅に招き入れることは、自宅の整理整頓を余儀なくされます。そして家具やテーブルウェアなどもじっくりと吟味し、自分の生活スタイルにあった、より質の高いものへと買い換える可能性も出てきます。お家がきれいになると、人を招きたくなります。そうした購買力は国内需要を活発にすることにもつながり、大げさに言えばホームパーティーは日本経済の活性化にお手伝いできるとさえ言えます。

　ホームパーティーは、自分自身を高めるために、ゲストとの人間関係をより深めるためにだけでなく、日本を元気にさせることにもつながるのだとしたら、もっともっとホームパーティーが活発になればと願います。

第 2 章
イメージ＆カラー

イメージの確立

自分イメージを探す

　テーブルコーディネートを学ぶ前に、まず自分にフィットしたイメージを確認しましょう。誰にでも好きなカラーやモチーフ、イメージがあります。

　ピンク、ブルー、グリーン、イエロー、黒、白、グレーと様々なカラーが思いつくのではないでしょうか。

　小鳥、天使、サンゴ、植物、動物、パールなどモチーフの好みも様々にあるでしょう。

　ご自分の一番好きなカラーとモチーフを選んでイメージをつなげると、あなたらしいイメージやスタイルが確立できます。

　自分のイメージ軸を持つことで、インテリアからテーブルコーディネート、ライフスタイルまで繋がり、トータルにコーディネートすることができ、明確なイメージを捉えることができます。

　あなたの自分軸はどこですか？

カラー&イメージ

オレンジや黄色、黄緑などのシトラスカラーが好きなあなたは→カジュアル
淡いピンクやブルーなどマカロンカラーが好きなあなたは→　ロマンチック
ベージュやグリーンの穏やかなカラーが好きなあなたは→　　ナチュラル
透明感ありクールな海の色、空の色、ブルーが好きなあなたは→　シンプル
グレー色がかった落ち着いたグラデーションが好きなあなたは→エレガント
深みのある秋色やエスニックカラーがお好きなあなたは→ハードカジュアル
落ち着いたクラシカルなダークカラーがお好きなあなたは→　クラシック
都会的で黒や白、グレーなどモノトーンがお好きなあなたは→　　モダン

8分類・イメージスケール図

　イメージスケールをとり入れることで、より的確なイメージのテーブルコーディネートが誕生します。

　イメージスケール図は、ヨコ軸の左側にWarm（暖かい、カラフルな）、右側にCool（冷たい、スマートな）を、タテ軸の上にSoft（柔らかい、ソフトな）、下にHard（固い、厳格な）を座標軸上に置き、それぞれの色や形容詞を各イメージで括ったものです。「感性のものさし」と言われ、ここでは8分類のイメージスケールを紹介しています。

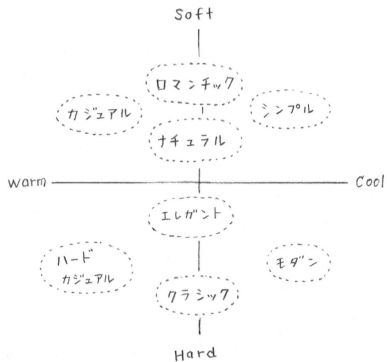

※イメージスケール8分類は、㈱日本カラーデザイン研究所（NCD）のイメージスケール基本16感性分類と食空間生活文化ラウンドテーブル（TALK）の基本8分類を基に、丸山洋子がテーブルコーディネートの視点から作成しております。

イメージの素材感&柄

カジュアル➔カラフルで大柄な花柄やチェック、遊び心のあるモチーフ

ロマンチック➔白い籐家具、小花模様や木綿のレースやシフォン

ナチュラル➔自然素材の風合いを生かした優しく温かみのあるもの

シンプル➔シルバーやガラスのクール素材でストライプや無地、幾何学柄

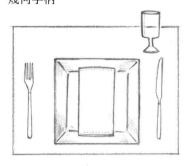

ハードカジュアル→ハンドメイド調の質感、民俗調やダイナミック柄

エレガント→シルクや繊細なレース、流れるような抽象柄や上品な花柄

クラシック→皮革、ジャガード織やベルベット、装飾的な伝統紋様

モダン→上質で無機質な人工素材、シャープな幾何学調のプリントモチーフ

第3章
洋食器

洋食器の基礎知識と揃え方

洋食器・テーブルウェア

　洋食器のテーブルウェアは、5アイテムと言われる食器、グラス、カトラリー、リネン、フィギュアで構成されます。これらのアイテムで、ディナーテーブル、ランチテーブル、ティーテーブルなど、シチュエーションごとにコーディネートされ、セッティング位置が定まっています。

　一生使いたいと思うテーブルウェアは、急がないでじっくり考えて購入しましょう。洋食器の場合、長い期間廃盤にならない"オープンストック"というシステムがあります。高価なものでも何年もかけて少しずつ買い足して揃えていくことが可能なシステムのことです。カトラリーやグラスなども自分のイメージスタイルをもとに、テーブルウェアに合わせて選んでいきましょう。
　自分らしいスタイルのイメージのコーディネートに慣れてきたら、ナチュラル×シンプル、エレガント×ナチュラル、クラッシック×モダンなど、少しずつ異なったイメージのアイテムのものを増やして、コーディネートの幅を広げていくと良いでしょう。

テーブルウェアの基礎知識

　欧米では食器を揃えていく考え方として"5ピース1ユニット"という言葉があります。
　5アイテムの食器が一人分として、必要な人数分を揃えていく考え方です。結婚当初は2ユニット～4ユニットで購入し、必要に応じて足していく考え方です。

テーブルトップ

食器（china）

　洋食器には、ディナー皿やパン皿のようなフラットなプレート、スープやシリアルなどを入れる深皿、コーヒーや紅茶を入れるカップ＆ソーサーに加え、サービス用として大皿（プラター）やサラダボウルなどがあります。数え方はプレート１枚を１ピースと呼び、カップ＆ソーサーで２ピース、ポットの本体と蓋も２ピースとカウントされます。

　家庭でまず揃えたい食器は、メインディッシュ用として、ミート皿やディナー皿と呼ばれる25㎝〜 27㎝サイズのプレート。
　オードブルやサラダ、デザート用としても使えるケーキ皿、デザート皿などとも呼ばれる19㎝〜 21㎝サイズのプレート。
　スープ、カレー、パスタ、ピラフなどに使える20cm前後のスープ皿または17cmのシリアルボウル。
　紅茶やコーヒーだけでなく、スープカップにしたりアイスクリームなどのデザート用にも使えるカップ＆ソーサー。家庭の食器棚にはスペースにも限りがあるでしょうから、紅茶とコーヒーの兼用碗皿をお勧めします。

　15㎝サイズのプレートはパン皿として使用しますが、スープカップやデザートグラスのソーサーでも代用できます。パン皿は12㎝くらいのサイズでも使用できます。またボトルコースターや籐かご、ガラス皿などをパン皿として見立てるのも良いでしょう。

揃えたい5ピース1ユニット

　ディナー皿：メインディッシュ用

　デザート皿：オードブル、サラダ、ケーキ、 取り皿として活用

　スープ皿：スープ、カレーやシチューなどスプーンを使う皿として活用

　カップ＆ソーサー：コーヒー、紅茶、スープ、などに活用

5ピース1ユニット

ディナー皿/デザート皿/スープ皿またはシリアルボウル/ティー・コーヒー兼用カップ＆ソーサー

食器アイテム一覧

30cm
サービス皿　位置皿

27cm
ディナー皿

23cm
ミート皿

21cm
デザート皿

19cm
ケーキ皿

15cm
パン皿

17cm
シリアルボウル皿

20cm
スープ皿

15cm
ベリー皿

ブイヨンカップ

ティーカップ＆
ソーサー

コーヒーカップ＆
ソーサー

兼用カップ

デシタスカップ＆
ソーサー

15cm
サラダボウル

BBプレート

サンドイッチプレート

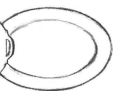
オーバル
（プラター）

ソースボート

ティーポット

コーヒーポット

シュガーポット

クリーマー

グラス(glass)

　グラスとは「きらきら輝くもの」「壊れやすいもの」「透明なもの」の意味で、ワインや水など飲み物を入れる容器です。入れる飲み物によってシャンパングラス、ワイングラスなどと名称がつけられています。

　通常、大きなワイングラスを赤ワイングラス、小さいワイングラスを白ワイングラスと呼び、水用をゴブレットと呼んでいます。また、ビールやジュース、ロングカクテル用など多用に使えるタンブラーがあります。

　家庭では、ワイン、ジュース、水用など兼用できる赤ワイングラス、ワインや日本酒用などの白ワイングラス、タンブラーの３種類をお勧めします。あとは、ご家庭のニーズに合わせて、シャンパングラスやリキュールグラスなど足していかれると良いでしょう。

揃えたいグラス　３ピース１ユニット

　赤ワイングラス　　ワイン、水、ビール、ソフトドリンク用
　白ワイングラス　　ワイン、日本酒用
　タンブラー　　　　水、ミルク、ジュース、アイスティーなどに活用

タンブラー　ラージワイングラス　スモールワイングラス

グラスのアイテム一覧

ゴブレット　ワイン　ワイン　フルートシャンパン　クープシャンパン　ピルスナー

シェリー　リキュール　カクテル　ブランデー　タンブラー　オールド

ウォータージャグ　デキャンタ　ワインクーラー　アイスペール

カトラリー(cutlery)

　カトラリーとは、刃物の意味ですが、ナイフ、フォーク、スプーンなどの総称です。フラットウェア、シルバーウェアと呼ぶこともあります。使用目的によってミートナイフ、デザートフォークなどの名称がついています。

　ヨーロッパサイズのテーブルナイフ、フォーク、スプーンのカトラリーは、日本人には大きすぎるため、ヨーロッパサイズのデザートナイフ、フォーク、スプーンをディナー用として使用する場合があります。通常家庭ではメインディッシュ用にデザートナイフ、フォーク、スプーン、スイーツやフルーツ用にケーキフォーク、アイスクリームやシャーベット用にティースプーンの5ピース1ユニットがお勧めです。

　もしも、家庭でフォーマルパーティー（42ページ参照）として3コースでおもてなしをされたい時は、メインにテーブルナイフ＆フォーク、前菜用にデザートナイフ＆フォーク、デザート用にデザートフォークやデザートスプーンが必要となります。

揃えたい5ピース1ユニット　アイテム

デザートナイフ　　肉料理、魚料理、食事全般

デザートフォーク　肉料理、魚料理、食事全般

デザートスプーン　デザート、スープ、カレー、シチューなど

ケーキフォーク　　スイーツ、フルーツ用など

ティースプーン　　アイスクリーム、シャーベット用など

カトラリーのアイテム一覧

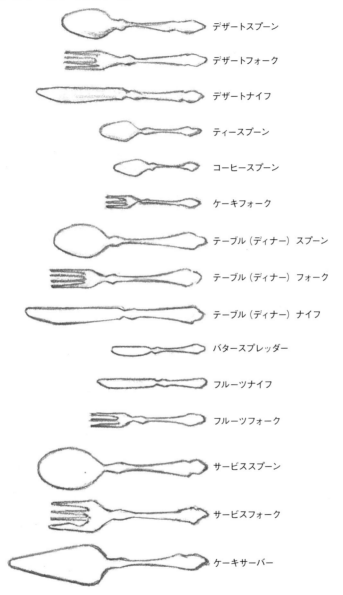

デザートスプーン
デザートフォーク
デザートナイフ
ティースプーン
コーヒースプーン
ケーキフォーク
テーブル（ディナー）スプーン
テーブル（ディナー）フォーク
テーブル（ディナー）ナイフ
バタースプレッダー
フルーツナイフ
フルーツフォーク
サービススプーン
サービスフォーク
ケーキサーバー

リネン（linen）

　リネンとは「麻」という意味ですが、テーブルで使用する布類を総称してテーブルリネンと呼びます。同じ白の食器でもテーブルクロス1枚で、イメージががらりと変わります。たくさん持っていなくても、オフホワイトのテーブルクロス1枚と、自分自身のイメージカラーに合わせた計2枚をまずは用意されると良いと思います。あとは、ランナーや幅の広いリボンなどを使ってアクセントにし、変化をつけていかれるとよいでしょう。

　アンダークロスは、必須です。

　カジュアルな場合は、ランチョンマットだけでもOKです。フォーマルなシーンの場合でも、イギリスでは伝統的にテーブルの美しい木肌を見せるために、クロスは敷かずにテーブルマットを使用することがあります。また北欧では最近の傾向としてのフォーマルでもテーブルマットのみでモダンに仕上げられる事もあり、常に時代とともに変化している事に気付かされます。

　また、テーブルクロスを畳むときはシーツを畳むときと同じ要領で、まず縦半分に折り、さらに縦半分の4分の1の縦長に折った後、今度は横に半分、もう半分と同じく4分の1に折り込んでいきます。そうすると次にテーブル上に広げる時にはセンターの位置を合わせやすく、無駄なしわが出ません。

アンダークロス　ネルなどの厚手の布地を下に敷いて、テーブルクロスの滑りを防ぎテーブルウェアのあたりを和らげる効果や、

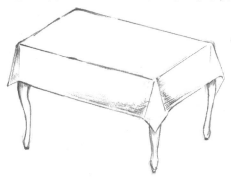

飲み物をこぼした時に水分など吸収し、広がりを最小限にするなどの効果があります。冬のシーツなどで代用してもOKです。

テーブルクロス　テーブルを全体に覆うフルクロス。下がり分の決まりはありませんが、家庭では30㎝前後もあれば十分です。

トップクロス　無地などのフルクロスの上に正方形の小さめの柄物のクロスをダブルクロスとして使用するなど、演出力が増すのがトップクロスです。

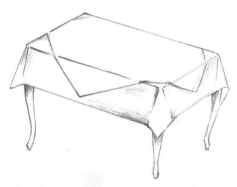

テーブルマット　一般的にはカジュアルなテーブルに使用。ランチョンマットとも呼び、長方形でサイズの違いはありますが、食事用で45㎝×32㎝。ティー用で30㎝×20㎝が目安。直接テーブルに敷きます。

ランナー　ランナーには主にテーブルのセンターに横長にかける帯状のテーブルランナーと、奥行きに橋のように２本かけるブリッジランナー、センターに１本でワイドにかけるランナーなど自由な発想で、効果的に活用できます。長さはテーブルのサイズより10㎝くらいは垂れ下がる方が理想的です。幅は自由で、幅広のリボンなども効果的なランナーの一つと言えます。

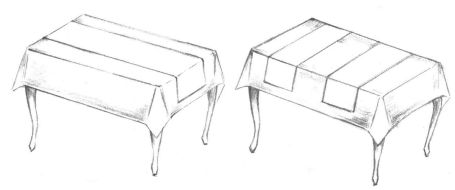

ナプキン　　ナプキンは膝の上に置いて、洋服を汚さないためや口元を拭くために使用し、またワインを注ぐ時のトーションやパンバスケットに敷いたりして活用します。用途別のサイズの目安は、食事用として45cm角前後、ティー用としては30cm角前後、素材は麻や綿が中心です。

揃えたいテーブルクロス
　アンダークロス1枚、ホワイト系1枚、カラー1枚

フィギュア(figure)

　フィギュアとは「置きもの」という意味で、テーブルの上では食器、グラス、カトラリー、リネン以外の全てを指します。フィギュアは大きさの違いによってそれぞれの呼び方が異なり、人形や鳥、動物の小物、カードスタンドや塩胡椒入れなど小さなものをフィギュアやテーブルアクセサリーと呼びます。また、キャンドルスタンドや花器、ワインクーラーなどはホロウェアと呼びます。

　特にフィギュアはトーキンググッズやカンバセーションスターターとも呼ばれ、会話のきっかけになり、食卓の雰囲気を盛り上げていく大切な役割をします。小鳥のフィギュアは1年中使うことができお気に入りの一つです。

揃えたいフィギュア

　フラワーベース、小鳥のフィギュア、キャンドルスタンドまたはキャンドルホルダー

第4章
テーブルコーディネート

テーブルコーディネートとは

　ホームパーティーを成功させるコツはゲストをいかに感嘆、ときめき、感動を与えられるかにかかっています。ダイニングなりリビングなり、お部屋を一目見た瞬間に「ステキ！」とワクワクさせる仕掛けが重要です。

　その仕掛けを担うのがテーブルコーディネートです。パーティーの主舞台はテーブルです。ゲストは美しくハーモニーされたコーディネートを一目見た瞬間、感動を覚え、これから始まるパーティーに向けてワクワク感を高めます。人もテーブルコーディネートもファーストインプレッション・第一印象が大切です。

　テーブルコーディネートは、ホームパーティー全体の中で最大要素を占めます。従ってテーブルコーディネートを身につけることは最重要項目です。

　テーブルコーディネートとは『食卓演出』。食卓を主舞台として食事を共にし、家族や仲間と語り合い、分かち合う場です。食は命をつくるもの、器はその命を盛るもの。身体を作り、人と人との絆を深める場です。

　「テーブルコーディネート」という言葉は和製英語で、欧米では「テーブルセッティング」「テーブルデコレーション」と呼ばれています。これはヨーロッパで生まれた文化で、主にフランス料理を頂く事をベースに、テーブルリネン、食器、グラス、カトラリー、そして置物などのフィギュアを使用し、食べやすく、サービスしやすく、美しいという視点から決められた配置のルールやマナーです。

　私たち日本人には、和食ならではのマナーやセッティング位置などがありますが、本書では西洋のテーブルコーディネートに絞ってご紹介していきます。

テーブルセッティング

　5W2Hが決まり、料理が決まったら、それに合わせていよいよテーブルセッティングです。食事がスタートする前のテーブルセッティングを見ただけで「今日は何品が提供され、どのようなドリンクが出るか」がわかります。

　ここに記すテーブルセッティングの配置図は、基本的なセッティング例です。どのようなフード、ドリンクを提供するかによって、セットするプレート、グラス、カトラリーが変わります。使用しないものを置くことはありません。何品か提供する場合は、その品数に合わせてカトラリーをセットしますが、1種類のカトラリーで兼用したい場合はカトラリーレストを使用します。カトラリーは傾いたりしないよう、息を止めながら並べるくらいの気持ちで、きっちりと平行に美しく並べます。

テーブルコーディネートの基本セッティング手順

（4人掛けの90×180cmサイズのテーブルを想定）

①アンダークロスを敷く。テーブルより少し大きめで、アンダークロスの垂れ下がり分は5cm前後が目安です

②テーブルクロスをかける。垂れ下がり分は30cm前後。左右均等に垂れ下がるようにします

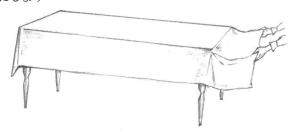

③中央にフラワーベースに入れたお花を置きます。（花のサイズは大きくてもテーブルの長さの３分の１、奥行きの３分の１に納まます）
ディナーの場合はキャンドルスタンド＆キャンドルをセットします

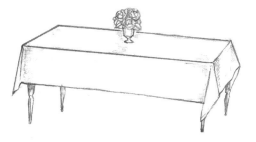

④テーブルサイズから均等になるように人数分のディナープレートをセット。テーブルの角から指２本分（約３cm）のところにセットします

⑤カトラリーをセット。テーブルの角から指３本分（約４cm）のところに刃を内側にしてセットします

⑥デザートのスプーンやフォークをセットするときは、ディナー皿の上にセットします
　デザートスプーンは右手に持つのでハンドルを右側に、フォークはその逆に置きます

⑦グラスはカトラリーの上にセットします。飲み物のグラスは、どのような場合でもプレートの中心から右側の上にセットします

⑧ナプキンをセットします

⑨最後にネームカードやメニューカードなどセットして仕上げます

ディナーテーブル

家庭でのフォーマルテーブルについて

　大切な方を丁寧にもてなすディナーパーティーは、ホームパーティーの中でも最高のおもてなしです。シッティングスタイルで、前菜、メイン、デザートの3コースからなり、カウンタークロックワイズサービス※などを用いて、おもてなしをします。招待はメールや電話で確認をとった後、招待状を送ることでゲストはより期待感を高めます。子供たちとともに家族が協力してゲストをもてなすことで、子供の情操教育の一環にもなるでしょう。 また、女性同士のパーティーでホストがいない場合は、信頼できる友人にコ・ホステスをお願いします。 コ・ホステスとはパーティーを成功させるためにアシストする役割を果たす方です。

※カウンタークロックワイズ
　時計針の反対回りの意味、大皿を時計の針の反対方向に回すサービス方法

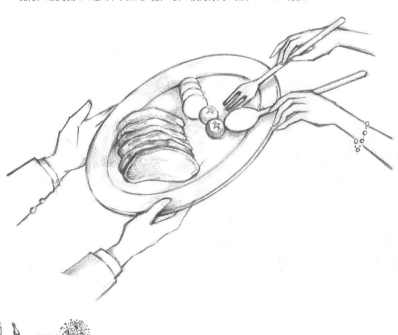

ディナーテーブルの基本セッティング手順

　3コース例（オードブル→メイン→デザート。アミューズブッシュはカウントされません）

①ディナー皿をテーブルの角から2指（約3cm）の所に置きます

②カトラリーのテーブルナイフ、フォークはテーブル角から3指（約4cm）に置きます

③オードブルナイフ、フォークはディナー皿の中心線に合わせ、あとはハーモニーでセッティングしていきます

④グラスはディナーナイフの先に白ワイングラス、右上に赤ワイングラス、左にゴブレットを正三角形に置きます。また、ディナーナイフの先から斜めに白ワイン、赤ワイン、水の順に並べ、シャンパンをセットする場合は白ワインと赤ワインの奥側の間に置く事もあります。

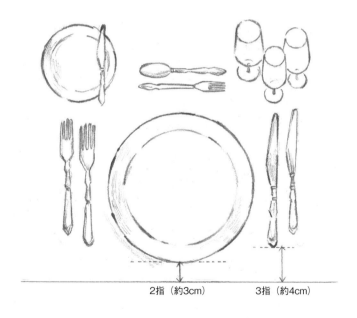

2指（約3cm）　　3指（約4cm）

ブレックファースト・ブランチ・ランチテーブル

ブレックファースト・ブランチ・ランチテーブルについて

　休日などのブレックファーストパーティーはとても準備が手軽でお勧めです。紅茶やフレッシュジュースとともに果物と卵料理、あとはバゲットなどを準備するだけ。お天気が良ければ、外にテーブルを出せたら、もう完璧です。
　ブレックファーストとは朝食で、午前11時までが朝食の範囲です。正式な朝食のおもてなしでは、フルーツ、果汁、シリアル、卵料理、トーストやバゲット、ペストリーなどをコーヒーまたは紅茶とともにいただきます。パンケーキやエッグベネディクトなどトレンドを取り入れてもよいでしょう。
　ランチは昼食。
　ブランチは朝食と昼食を兼ねた遅い朝食を指します。ブランチは休日などの午前11時ごろから朝食に近いメニューの場合と、前菜、メイン、デザートと言った昼食メニューの場合があります。

ブレックファーストの基本セッティング手順

①ディナー皿をテーブルの角から2指（約3cm）のところに置きます
②カトラリーのテーブルナイフ、フォークはテーブルの角から3指（約4cm）に置きます
③ナイフの右側に同じくテーブルの角から3指（約4cm）のところにスプーンを置きます
④パン皿は左上に置きます
⑤カップ＆ソーサーは右上に置き、その左上にジュースグラスを置きます

ブレックファーストセッティング例

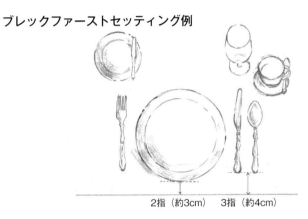

2指（約3cm）　3指（約4cm）

ランチセッティング例

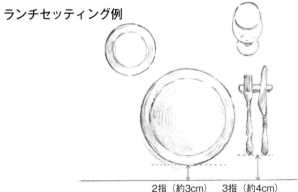

2指（約3cm）　3指（約4cm）

ビュッフェテーブル

ビュッフェパーティーについて

　ファミリーパーティーやお子様のお誕生会など、大勢のゲストを一度にお家に招きたい時、ゲストの数が自宅にある椅子の数を超えるような大人数の時はビュッフェパーティーが良いでしょう。

　家庭で立ったり座ったりして、立食でセルフサービスの食事スタイルをビュッフェと呼びます。大勢のゲストが自由に動き回り、気軽にパーティーを楽しみたい時に便利なスタイルです。

　通常はリビングスペースを広く取りたいため、ダイニングテーブルを壁につけて、一方からお料理が取れるように料理やプレート、カトラリー、グラスなどをセットして置きます。他にもコンソールやカウンターなどテーブルに代わる台があれば、飲み物やグラス、デザートなどは別のスペースにセットすることをお勧めします。

ビュッフェテーブル基本セッティングの手順

①アンダークロス、脚が隠れるくらいの長めテーブルクロスを掛けます
②センターに立った時に目に飛び込む高さと同じ高さまで花やオブジェなどのセンターピースをセットします
③大皿に盛り付けたオードブルやメインディッシュなどを取りやすいように前面に並べます
④左から右に取っていきますので、左上に取り皿をセットします
⑤右の手前にはカトラリーやナプキンをセットします
⑥飲み物と同時の場合は、右奥にグラスやワインなどをセットします

シングル・サービス例

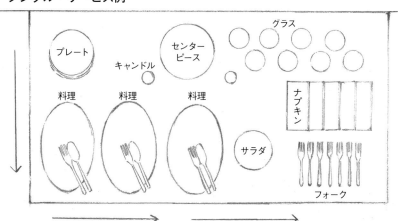

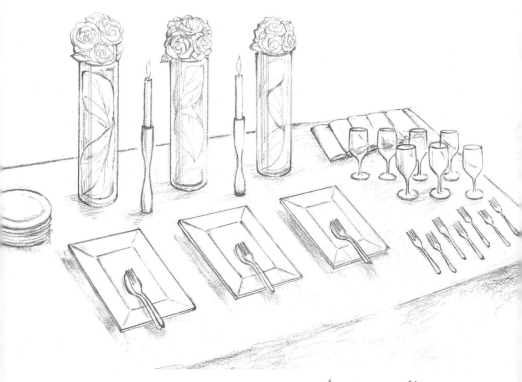

オンテーブルビュッフェ

　オンテーブルビュッフェとは、ゲストは着席で、テーブル上に並べた大皿料理を座ったまま取り分けて頂くスタイルです。
　お料理をゲストが持ち寄るポットラックパーティーは、最もカジュアルで気軽に開催できるホームパーティーです。サービス方法も、気遣い合いながらも自由に楽しめます。
　大皿盛りのプレートは、同じ高さに揃えずに台などを使って高低差をつけるとリズム感のあるテーブルコーディネートとなり、演出力が高まります。

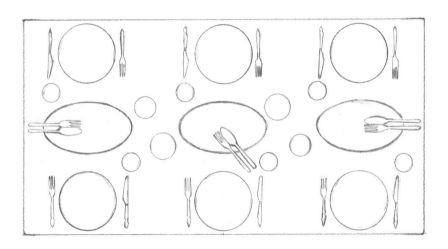

ティーテーブル

ティーパーティーについて

　女性同士の集まりで一番のお勧めは、ティーパーティーです。
　お友達になりたいなと思ったら、ティールームに行くのもいいですが、気軽に「うちでお茶しない？」と午後のお茶に誘ってみましょう。素晴らしい友情が芽生えること間違いなしです。
　ティーパーティーには、ティーブレイクのような気軽なものからフォーマルなアフタヌーンティーパーティーまであり、楽しみ方は様々です。
　紅茶と焼き菓子やクッキー、緑茶と和菓子やおせんべいなど気軽なティーブレイクの他に、イギリスに代表されるスコーンと紅茶でいただくクリームティーやフィンガーサンドイッチ・スコーン・焼き菓子で構成される優雅でフォーマルなアフタヌーンティーがあります。
　時間は14時ごろから16時ごろまでとなります。
　また、英国に古くから伝わるハイティーがあります。パン、チーズ、コールドミートなどを紅茶とともにいただく簡単な夕食等でハイティーのハイは諸説ありますが、子供用の「ハイチェア」説のほか「ハイテーブル」や「ハイバックチェア」を使用することからとの説もあります。

アフタヌーンティー

　アフタヌーンティーはディナーと同じくらいの格があり、午後の女性のおもてなしには最適です。19世紀中頃イギリスのベッドフォード公爵夫人が広めたと言われるお茶会で、正式には紅茶とともにフィンガーサンドイッチ、スコーン、焼き菓子とコースで提供されます。

　紅茶とともに楽しむお茶会は、ティーティアと呼ばれるケーキスタンドやシルバーポット、ティーストレーナー、愛らしいカップ＆ソーサーなど心踊らせるお道具たちとともに、200年近く経っても女性たちを魅了してやまないのがアフタヌーンティーです。

　アフタヌーンティーはリビングのソファーで楽しむローテーブルスタイルとダイニングテーブルで楽しむハイテーブルスタイルがあります。

アフタヌーンティーの基本セティング手順

①テーブルの角から４指（約6㎝）の所にケーキ皿を置きます
②デザートナイフ、フォークを４指（約６㎝）の所に置きます
③ナイフの上にカップ＆ソーサーを置きます
④カップ＆ソーサーのハンドルは右、スプーンは12時6時の位置に置きます

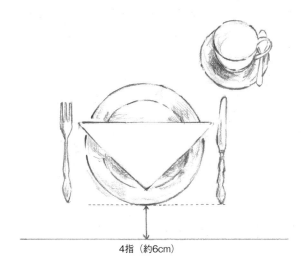

4指（約6cm）

セッティングに必要なアイテム

- ティーカップ＆ソーサー
- ケーキ皿
- デザートナイフ＆フォークまたはフルーツナイフ＆フォーク
- ティースプーン
- テーブルクロス
- ティーナプキン

主なメニュー

紅茶、フィンガーサンドイッチ、スコーン、焼き菓子

必要なティーセット

- ティーポット１・・ティーメイキング用。ポットの形状はジャンピング（熱湯を入れると茶葉が下から上へ動く）の起こりやすい球形が良い

- ティーポット２・・１のポットから紅茶だけを移すもの。茶葉は１に残るので、お茶が濃くならない。銀製、陶磁器が保温性に優れている

・シュガーボール・・砂糖入れ
・ミルクジャグ・・牛乳入れ
・ティートレー・・ティーをサービスするときのお盆
・ティーストレーナー・・茶こし（Wポットにする場合は不要）
・ティーコージー・・ポットにかぶせる布製のカバー。
　お茶を冷めにくくする

第 5 章

洋の記念日

洋の記念日

　年間を通して、たくさんの記念日があります。人にも、それぞれの記念日があります。結婚記念日、就職記念日、誕生日……。そして、バレンタイン、イースター、母の日、クリスマスと、人を祝う記念日を紹介いたします。

●誕生祝い（Baby Shower）
　安定期入ったら、親戚や友人たちは、赤ちゃんのためのパーティー「ベビーシャワー」をランチやティーで開きます。赤ちゃんのためのおもちゃやベビー服、小さな靴などを持ちより、ママへの激励とともに、間もなくこの世に生まれてくる新たな生命の誕生を、みんなでお祝いします。

●結婚祝い（Bridal Shower）
　シャワーのようにふりそそぐくらいの贈り物"と言う意味で、結婚式の4ヶ月ほど前から、花嫁のために、何度も開かれるブライダルシャワーと呼ばれるお祝いのパーティーがあります。
　お鍋や缶きりなどキッチン周りに必要なものを持ち寄ったキッチンシャワー。タオルや石鹸などのバスシャワー。ペーパーを持ち寄るペーパーシャ

ワーなど新しく生活をスタートさせる花嫁を祝うのがシャワーパーティーです。

● **結婚記念日（Wedding Anniversary）**

　2人で人生のスタートを誓った結婚式。結婚記念日はそんな2人が過ごした時間を改めて喜び、お互いに感謝し、これからもともに人生を歩んでいくことを確かめ合う日です。記念日の回数が重なる度にお互いへの信頼感が深まっていきます。

　　　　5年　　木婚
　　　　15年　　銅婚
　　　　25年　　銀婚
　　　　50年　　金婚
　　　　60年　　ダイヤモンド婚

● **セント・バレンタイン・デー（St. Valentine's Day）**

2月14日

シンボルカラー：赤、白、ピンク

2月14日はもともと、殉教したローマの聖職者バレンティヌスを記念したキリスト教の祝日でした。現在のような習慣が生まれたのは、この日が古代ローマでは、娘達が愛の手紙を書いてカメに入れ、男達はその中から手紙を

取り出し、その相手の娘を口説くというルーパーカスの祭の日にあたることが始まりでした。

今では、欧米では、恋人同士や夫婦だけでなく、家族、親しい友達へ、カードやキャンディなどを添えて、優しい愛の心をプレゼントする日です。チョコレートを贈るのも、お返しの日としてホワイトデーがあるのも、実は日本独特の習慣です。

●セント・パトリック・デー（St. Patrick's Day）

3月17日

シンボリックカラー：グリーン

セント・パトリックはアイルランドの守護聖人の命日で、アイルランドにキリスト教を伝えた人です。彼は、三つ葉のシャムロック(Shamrock)を例にあげて、三位一体を説いたといわれ、そのため、この日のシンボルは三つ葉になっています。シンボルカラーはグリーン。グリーンのものを身につけると幸せになれるという言い伝えがあるため、街中グリーン一色に。手にはグリーンビール。何もかもをグリーンに変えて、心から楽しむ一日です。

●復活祭（Easter Sunday）

春分の日の後の最初の満月の次の日曜日

シンボルカラー：黄・紫・緑

冬に別れを告げ、新たな生命や力を再生する春の訪れを喜び合う、春を告げるお祭りとして楽しみにしているイースター。キリストの復活を祝う日です。「イースター」という言葉は、春の女神である「エオストル」が語源という説があります。そして、この日に欠かせないうさぎや卵は必須です。お楽しみはイースターバニーが隠したといわれる、きれいに色づけされた卵を競い合って見つけるエッグハント。卵を誰が一番上手に丘の上から転がすことができるか競ってみたりと、街のあちらこちらで卵を使ったゲームが行われます。春の訪れを喜び合います。

●母の日（Mother's Day）

5月第2日曜日

「母の日」は、ある一人の女性の母への深い愛情から生まれた日です。フィラデルフィアに住むアンナ・M・ジャービスは、41歳で最愛の母を失いました。そして、彼女の母への思いが「母へ感謝する日をつくろう」という運動を思いつかせ、次第にカリフォルニアウエストバージニア、ワシントンへ、ついには世界中へと広がっていったのです。アンナの母親が大好きだったというカーネーションは、今でもこの日に、ありがとうの言葉に添えてお母さんに贈られています。

●父の日（Father's Day）

6月第3日曜日

常に家族の大黒柱として、偉大な存在である父親。日ごろの感謝の気持ち

を表し、健康を改めて願う「父の日」。1972年ニクソン大統領によって祝日に制定され、今に至ります。

● ハロウィーン（Halloween）

10月31日

シンボルカラー：オレンジ、黒

キリスト教では、11月1日は「万聖節（All Saints' Day）」といい、聖人の魂を祭る祝日でした。そして、その前夜である10月31日は、もともと「ALL HALLOW'S EVE（諸聖人の祝日の前夜）」であり、それが今のHalloweenになったのです。また、異教徒の古代ケルト人にとっての10月31日は大晦日に当たりました。この日は、先祖の魂がこの世に戻り、また魔女やお化けもこの世にやってきて、人々にいたずらをするのだと言い伝えられてきました。

ハロウィーンにつきものの、魔女やお化けに扮して「TRICK OR TREAT（何かくれないといたずらするよ）」と言って回るのは、このケルト人の言い伝えからです。

● 感謝祭（Thanksgiving Day）

11月第4木曜日

イメージカラー：オレンジ、黄土色、グリーン

ふだん離れて暮らしている家族や親戚が一堂に集まって、大きな七面鳥やパンプキンパイをおなかいっぱい食べるこの日。始まりは、イギリスでの迫害を受け

た清教徒が、メイフラワー号でアメリカへと移住した1620年にさかのぼります。1年後、無事にここまで生きられた喜びと最初の収穫に感謝をして行った収穫祭が、現在の感謝祭となって続いています。

●クリスマス（Christmas）

12月25日

イメージカラー：赤、白、緑、金

「キリストのミサ」の意味をもつ、イエス・キリストの誕生を祝うお祭りです。24日のイブの日には、クリスマス休暇などで帰省してきた家族とともに厳かに過ごし、25日の朝には、ツリーの下に飾られたプレゼントを交換し、遠くに住む人々へはカードを送ります。クリスマスはお互いに愛を分かち合う日です。

・クリスマステーマ

　赤、白、緑、金、音、香、鳥、星、光、ドライフラワー

　赤：太陽、キリストの流した血、祝いの赤

　白：聖母マリアの純潔、北の大地に降りしきる雪

　緑：永遠の命、エバーグリーン

　金：3人の博士の1人が献上された黄金

　音：キリスト誕生の際、現れた天使が楽器を持っていた

　香：3人の博士の1人が献上された乳香

　鳥：平和の鳥、鳩

　星：ベツレヘムの星

光：キリスト誕生でこの世に光をもたらせた光をキャンドルで演出

ドライフラワー：飼い葉桶の中のワラの寝床

・**待降節（アドヴェント）**

　クリスマスの４週間前の日曜日（アドヴェントサンデー）から24日のイブまでの間をアドヴェントと呼び、家庭ではこの日からクリスマスの飾り付けが始まります。

第6章

マナー

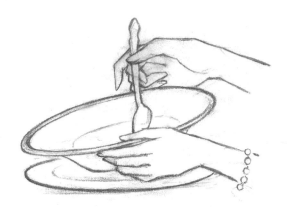

招き招かれるホームパーティーマナー

　おもてなしのホームパーティーを基準にしたマナーがまず基本です。このほかに、さらに自由度が増したギャザリングやポットラックなどカジュアルな場合でのマナーがあります。下記はおもてなしのホームパーティーを基準にしたマナーを記しています。

招かれるマナー

　招待されたら出来るだけ早く返事をします。「24時間以内に」の気持ちで。
　返事をしたら、よほどのことがない限り、容易には断らないように。
　約束の時間に5分遅れて行きます。

手土産

　花束、生ケーキ、ワインはNG。
　プティフールなどのチョコレートや小菓子のように日持ちするもので。
　花はアレンジされているもので、花瓶が必要ないものを。
　ワイン持参の時は「後日お二人で飲んでね」などの気配りを。
　基本的には手土産はそのパーティーで披露します。

挨拶の仕方

　「お招き、有り難うございます」と挨拶。
　「素敵なインテリア」「素敵なコーディネート」「美味しい！」など、もてなされたことに敬意を表します。

帰り際

帰り際には「楽しかった」とお礼を述べる。

できるだけ早くメールや手紙などで感想を述べたお礼を伝えましょう。

招かれたら招き返す。3ヶ月ぐらいを目安に自宅に招き返すことがベター。

招くマナー

パーティーのテーマ、コンセプトを明確にします。

始まりの30分前には窓を開けて料理の臭いを消します。

エプロンは外して「ようこそ」と笑顔で迎えます。

ゲストが心地よく居られるように、料理、飲み物、会話などに気配りをします。

キッチンに立っていいのは3分間3回。ゆったりとしたおもてなしで共に楽しみます。

テーブルマナー　着席

テーブルマナーの心得

　テーブルマナーは招く側と招かれる側（サービスする側とサービスされる側）がお互いに思いやりを持ち、感謝を持って気持ちよく頂くために生まれたのがマナーです。

　たとえ迷ったとしても何が「理」にかなっているか、どうすることがエレガントに振る舞えるかなどを考えれば自ずと答えが出てくるのではないでしょうか。いずれにしても食事はマナーが目的ではなく、共に食事をすることによってコミュニケーションを取り、親愛関係を深めることが大切です。

　マナーは時代や国によって違いはあります。マナーは一つではなく、一つの目安として捉えていきましょう。

椅子の出入り

　左側から座り、テーブルからコブシ一つ分空けて深く腰をかけ、背筋を伸ばします。

　クラッチバックのような小さなバックは椅子の背または膝の上に、大きなバックは椅子の右側の床に置きます。退席するときも左から出ます。

ナプキンの扱い方

　ナプキンは二つ折りにして（折り目を手前又は反対に）膝の上に置きます。
　口元を拭う時はナプキンの内側で、表は汚さないように。
　中座の場合は椅子の上にナプキンを置くことが一般的です。
　使用後は丁寧にたたみ込まないでフィニッシュすることが「美味しい食事でした」という合図となります。

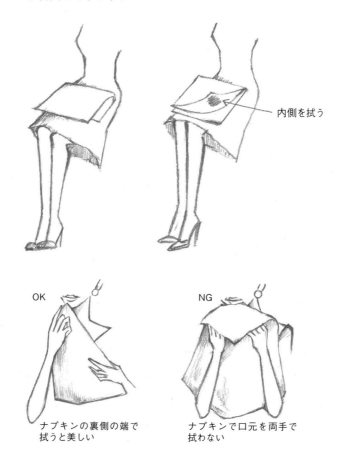

内側を拭う

OK　ナプキンの裏側の端で拭うと美しい

NG　ナプキンで口元を両手で拭わない

ナイフ、フォーク、スプーンの扱い方

　食事中はハの字型にプレートの上に置き、ナイフとフォークの柄の先がテーブルクロスにつかないようにし、ナイフの刃先は常に内側にします。
　食事が終わった終了の合図は、ナイフ、フォークをフランス式は3時15分、イギリス式は6時30分の方向に揃えます。

サービスの受け方

　飲み物は右側、料理は左側からサービスされますが、シチュエーションによって変わる場合もあります。
　ワインサービスのグラスは持ち上げないで、サービスの方に任せます。

グラスの持ち方

　日本ではステムを持つことが正しいと理解している方が多いですが、基本的にはステムを持ってもボール部分を持ってもどちらでも問題ありません。
　着席している場合はグラスを安定して持つことができるので、ステムを持つ方がエレガントです。

スープ

スプーンは口に対して縦向きがフランス式、横はイギリス式です。

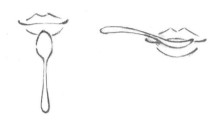

スプーンの中のスープは2/3程度にし、満杯にしないことがポイントです。スープをすくってから、3秒ぐらい待って口に運ぶとスープが垂れません。

手前から奥にすくうのがイギリス式、奥から手前にすくうのがフランス式です。
　量が少なくなったら手前を持ち上げるか奥を持ち上げて、すくっていただきます。

飲み終えたスプーンの位置は、ソーサーに置ける場合はソーサーの奥側に、置けない場合はスープ皿の中に置きます。

パン

　スープの終わり頃からと言われていますが、最近ではサービスされた時から、温かいうちに少しいただくことも問題ありません。メインディッシュを美味しくいただくために、パンを食べすぎないように注意しましょう。
　パン皿の上で一口ずつ手でちぎってバターをつけます。
　メインディッシュが終わるまでに食べ終わります。

魚料理

　身を骨からはずし、下の身はひっくり返さずにいただきます。
　フィッシュソーススプーンは鉛筆を持つように持ち、ソースと一緒にいただきます。

肉料理

　左から、小さめに、食べる分だけ切って、いただきます。
　ガルニチュール（付け合わせ）はメイン料理と交互にいただきます。
　フィンガーボウルがサービスされた場合は、手についた油などを落とすために片手ずつ、指先のみ入れて洗い、ナプキンで拭きます。

チーズ

　ナイフでカットし、パンなどの上に載せていただきます。

デザート

　ナイフ＆フォーク、スプーン＆フォークなどのカトラリーでサービスされるデザートは、種類によって使われるカトラリーは異なってきますが、使わない時はプレートの上に置いて置きます。
　アイスクリームやケーキなどの盛り合わせの場合、アイスクリームは手前から先にいただきます。
　ケーキはフォークを横にしてカットするより、縦に突き、ひねってカットした方がケーキやパイなどが崩れずきれいにいただけます。

家庭でのビュッフェのマナー

5分遅れていく
開始時間よりも早く行かない。5分、遅れて到着するようにします。

手土産
手土産を持参する場合は、日持ちのする小菓子や、アレンジされたお花などにします。

ホスト側への気遣い
ホスト側が準備したコーディネートや料理などを、慰労の意味を兼ねてほめる気遣いを心がけましょう。

プレートとグラスの持ち方
プレートの上にグラスを置き、親指と人指し指でまたは親指だけで抑えて持ちます。

片手は必ず空けておきます。不安な場合は、料理かグラスのどちらかを。

料理の取り方

　冷オードブル→温オードブル→メインディッシュ→デザートのコース順にいただきます。一度にたくさんの量を取らずに、オードブル、メイン、デザートなどと3回程度に分けていただきます。

ティービュッフェの場合

　デザート皿にカップを置き、ティーフードを乗せていただきます。
　但し、ティーフーズのサイズが小さい場合は、カップ&ソーサーで持ち、ソーサーの上にフードを載せる場合もあります。

立ち居振る舞い

　料理をとったら、次に人のためにメインテーブルから離れて、歓談していただきます。
　料理をとるために列を作らないで、歓談しながら順番を待ちます。

お礼を忘れずに

　帰り際はもちろん、メールなどで「楽しかった」などお礼の気持ちを伝えます。

招き返す

　招かれたら招き返します。

ホテルやレストランでの
ビジネス・ビュッフェパーティー・マナー

ビュッフェパーティーの心得

　企業主催等のビジネスパーティーの中で特に多いのがビュッフェパーです。食べ放題のバイキングと違って、ビュッフェパーティーにはそれなりのマナーがあり、趣旨も違います。

　ビュッフェパーティーの一番大切なことは、食事をすることではなく、食事やドリンクを介在して未知の人と出会うこと、コミュニュケーションを取り、人生の枠を広げること、そしてビジネスチャンスにつなげることです。

　そのためには、お腹をすかせては出席しない。小腹にためて参加し、スマートな立ち居振る舞いで、会話を楽しみます。

　お寿司やステーキなど人気のコーナーで、お皿を持って行列を作る光景はお預け状態のようで滑稽に思えます。どうぞ、会話をしながら、並ばないで様子をみてください。

　何度も申し上げますが、食事をすることが一番ではなく、出会いや会話こそがもっとも大切なことです。

　どうぞ、大いに紹介し合って交流を深め、人生に、ビジネスに、パーティーを生かしていただくことを願っています。

招待を受けたら

　パーティーの趣旨、場所、時間、招待客を考慮して服装を選びます。
　昼間のパーティーでは、宝石を多く使ったアクセサリーは避けます。
　パールは、どの時間のパーティーでもつけることが可能です。
　また、昼間のパーティーでは、肌の露出やロングドレスも着用しません。
　返事は出欠に関わらず、できるだけ早く返事をします。

当日

　大きなバックは、人の動きのあるパーティーでは他のゲストの邪魔になる事もあるため、クラッチバックなど小さなバックを用意しておき、大きな荷物はクロークなどに預けます。

　会場に入ったら主催者に挨拶をし、時折食事をとりながらゲストと会話を楽しみます。立食のパーティーは、食事がメインではなく人とのコミュニケーションが重要です。そのため、小腹にためていくなど、空腹では出席しません。

　プレートの上にグラスを乗せて持ち、片手を開けて、名刺交換や、握手ができるようにしておきます。

　1度にたくさん取らないで冷製オードブル、温製オードブル、メインディッシュ、デザートの順に何回かに分けていただきます。

　お料理卓に行列をつくらない。例えできていても、そこに並ばないで、歓談して待ちましょう。

　お料理をとったら、料理卓から離れ、歓談しながら立っていただきます。

　親しい人たちだけで小テーブルを囲まないでください。ビュッフェパーティーは未知の人と出会う場で、ビジネスチャンスでもあります。

ティーマナー

紅茶をいただくときのマナー

　姿勢を正しく。椅子の背にもたれません。
　ナプキンは折らずに広げたままで膝の上に置きます。

　カップはローテーブルの場合はカップ＆ソーサーごと持ちます。

　ハイテーブルの場合カップのみを持ちます。

　スプーンは12時→6時と縦に混ぜ、カップの後側に置きます。
　ハンドルは指を通さず、つまむように持ちます（重いカップなどは例外です）。

ティーフーズのいただき方

　食べる順番はフィンガーサンドイッチ→スコーン→焼き菓子の順に。

　フィンガーサンドイッチは左手でつまんでいただきます。

　スコーンは手で横に二つ割りして、クロテッドクリーム & ジャムはお皿にとって、ティーナイフで食べる分だけ塗っていただきます。

　食事ではないのでティーナイフとフォークを両手で持つのはタブーです。

　フォークは右手に持っていただきます。

女主人としてのマナー

　ホステスはゲストの前でティーのサービスをします。

　主賓から紅茶を淹れ、ハンドリングでお客様に回していきます。

　決してポットを立ち持って注いで回ることはしません。

　スコーンをサービスするときは、別銘柄の紅茶を淹れます。

　2杯目までは基本サービス。お茶が少なくなってきたら「紅茶のお代わりはいかがですか」と声をかけます。

　ホステスは優雅に振る舞い、常にゲストに気配りをして進めていきます。

ナプキンたたみ

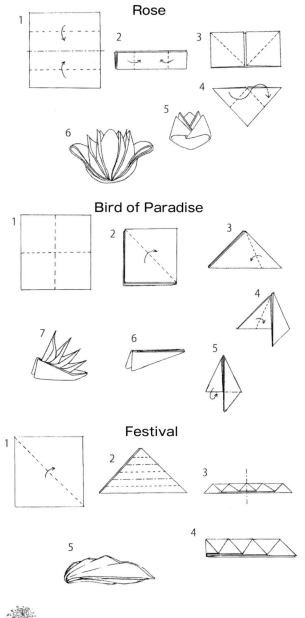

Rose

Bird of Paradise

Festival

Water Lily

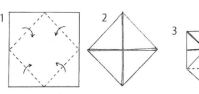

Double Swan

Fan

Night Light

Yacht

Echo

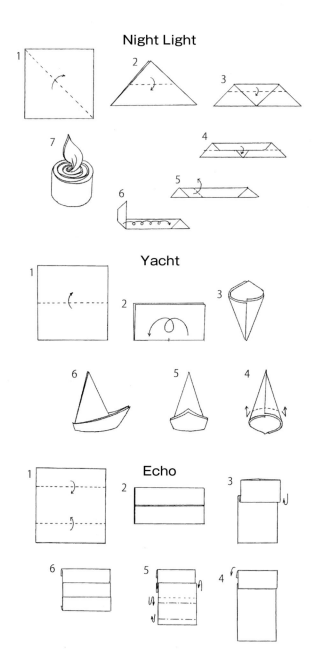

Candle

Diagonal Stripe

Cushion

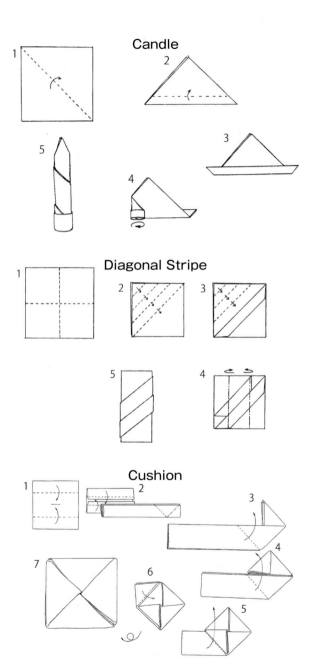

あとがき

「ホームパーティーを開催するのは初めてでしたが、人とのコミュニケーションが本当に大切であることと、ホームパーティーの素晴らしさに気づきました」

「もっと勉強して、パーティーを広げていきたいと思いました」

「おもてなし＝相手の気持ちにより添い、想像すること。本番の数時間のために、部屋を掃除したり、料理の手順を確認したり、喜んでもらうためにサプライズを仕掛けたり、旬をリサーチしたり、準備の行程全てが、自分を成長させてくれる気がします」

「ホームパーティーは、私が私らしくいられるために、昨日より素敵な自分に出会える挑戦です」

これらのメッセージは、私が会長を務める日本パーティープランナー協会の3級ホームパーティーコーディネーター資格取得講座を受けた後、実際にホームパーティーを企画し、開催したレポートとともに寄せられた受講生からの感想です。ひとつひとつのレポートを見ていると、受講生たちが受けたたくさんの気づきや感動が伝わってきて、こちらも大きな感動をいただきました。

欧米では日常茶飯事のホームパーティーは、日本ではまだまだ未成熟です。お料理はすべて自分で作ることは理想ですが、1品だけ自分で作る、テイクアウトや持ち寄りなどで手間を省くことは可能です。しかし、ホームパーティーの主舞台であるテーブルコーディネートは、自分自身でやらなければならず、誰にも助けてはもらえません。

これからテーブルコーディネートやホームパーティーを始めていきたいという方に、この本が実用書として活用していただけましたら、こんなに嬉しいことはありません。

AIなどのデジタルが驚くほどに進化を遂げている昨今だからこそ、顔と顔を合わせ、言葉の温もりを感じながら会話を交わし、心地よいコミュニケーションを醸し出し、豊かな人間関係を作り出せるステージが必要です。テーブルコーディネートで、ホームパーティーで、素敵な空間を大切な人たちと共有してください。そこにはかけがえのない豊かな時間が流れるでしょう。

　執筆にあたり、優しい食卓編集長池田智泰氏には大きな後押しを頂きました。イラストレーターの松田桃花さんには可愛いイラストをたくさん描いて頂き、また家族の強いサポートで本書が実現いたしました。

　改めてここに感謝申し上げます。

2018年早花咲月
日本パーティープランナー協会会長
丸山洋子

profile
丸山　洋子 (MARUYAMA YOKO)
食空間プロデューサー
㈱エコール　代表取締役
日本パーティープランナー協会会長

　テーブルコーディネーター30年の経験から「テーブルコーディネート力」を発揮した活動を展開、各界から注目を集める。阪急うめだ本店、伊勢丹新宿本館、博多阪急での大規模イベントプロデュース、東京ドームでの磁器メーカーのディスプレイで、ともに顕著な来客数、売上実績を示し、「テーブルコーディネート力」による成果が評価される。地域活性化、企業との商品共同開発など幅広い分野からも参画を求められている。

　長年にわたってホテル、旅館、ブライダル施設のコンサルティング及び空間演出、ビジネスパーティープロデュースを手がけ、伝統産業・地場産業でもテーブルコーディネート力による活性化に精力的に取り組んでいる。

　2017年からホームパーティーにも力を入れ、ホームパーティー資格制度を発足。パーティー時代の到来に対応して東京、神戸で「ホームパーティーのためのテーブルコーディネート講座」開講。

　著書に「TEXTBOOK テーブルコーディネート改訂版」「テーブルコーディネーターの仕事」「日本のこころ The art of table」(優しい食卓)「あなたのライフスタイルを豊かにする　テーブルコーディネート力」(六耀社)「食空間クリエーションのテクニック」(誠文堂新光社)。

ホームパーティーのための
テーブルコーディネートとマナー

2018年 3 月15日　第 1 刷発行
2018年11月30日　第 2 刷発行
著　者　丸山　洋子
発行人　吉岡　新
発行所　株式会社　優しい食卓
　　　　〒102-0072東京都千代田区飯田橋3-11-24
　　　　電話03-5215-1287　FAX03-5215-1189
　　　　mail:info@table21.com　http://www.table21.com
印刷所　共立速記印刷株式会社

◆カバー、本文　イラスト／松田桃花(イラストレーター)
◆編集／鈴木由里

　乱丁・落丁はお手数をお掛けいたしますが小社へお送りください。送料は小社負担でお取替えいたします。本書の無断転載、複写(コピー)は著作権法の例外を除き禁じられています。

©yoko maruyama2018　printed japan
ISBN978-901359-76-4